Análisis Bibliométrico del Trabajo Social Español Basado en Mapas de Ciencia

Mª Angeles Martínez Sánchez

Granada, Junio de 2014

Prólogo

Este libro presenta un análisis bibliométrico del área de Trabajo Social Español usando mapas de ciencia y teniendo en cuenta las bases de datos bibliográficas de referencia internacional que edita Thomson Reuters, es decir, el Web of Science y el Journal Citation Reports de Social Sciences. Para ello usamos el software bibliométrico Scimat que nos permite descubrir las temáticas principales existentes en Trabajo Social así como su evolución científica conceptual. Para ello usamos como referencia las publicaciones del área y las citas generadas de acuerdo al Web of Science.

Índice

1 Introducción...7

2 Propósito...8

3 Métodos bibliométricos basados en mapas de ciencia..................................9

  3.1 Indicadores bibliométricos..9

  3.2 Mapas de ciencia..10

  3.3 Scimat...14

4 Analisis de trabajo social español...20

  4.1 Conjunto de revistas..20

  4.2 Conjunto de datos a nivel nacional...22

  4.3 Analisis bibliométrico..23

5 Conclusiones...40

6 Bibliografia...42

1. Introducción

La bibliometría es un conjunto de métodos utilizados para analizar textos e información, normalmente en un conjunto grande de datos. Esta ciencia se ha utilizado para la evaluación de la investigación cuantitativa en la producción académica, pero está empezando a ser utilizada para la investigación. Estos métodos se pueden utilizar para explorar:

- El impacto de un campo

- El impacto de un conjunto de investigadores

- El impacto de un documento en particular

Además, con el uso de la Bibliometría para la caracterización de un campo podemos optimizar la asignación de la investigación, reorientar un apoyo a la investigación, racionalizar las organizaciones de investigación, restringir la investigación en campos particulares, o aumentar la productividad de la investigación.

El uso de indicadores bibliométricos es una de las claves para lograr estos objetivos. Existen dos procedimientos principales en bibliometría.

- Análisis de rendimiento

- La ciencia de mapeo.

Los Análisis de rendimientos se utilizan para evaluar grupos de agentes científicos y el impacto de su actividad. La ciencia Cartográfica se utiliza para mostrar los aspectos estructurales y dinámicas de la investigación científica. Utilizamos ambos procedimientos, pero el análisis principal se centra en la ciencia del mapeo.

La ciencia Cartográfica es una representación espacial de las disciplinas, campos, especialidades, documentos o autores individuales que están relacionados entre sí. A través de ella, puede representar un campo científico y delimitar las áreas de investigación para determinar su cognitiva estructura y su evolución.

Recientemente, se ha observado un incremento en las publicaciones y los intereses relacionados en Trabajo Social. Debido a este hecho, quiero analizar la situación real de este tema entre las publicaciones científicas. Para realizarlo, se combinan el análisis de rendimiento y la ciencia de la cartografía. Esto nos permite cuantificar y visualizar la evolución temática del campo.

2. Propósito

El objetivo principal de este estudio es caracterizar "El Trabajo Social Español". Los objetivos para conseguirlo son:

- Delimitar el campo de investigación utilizando diferentes métodos bibliométricos. Estos métodos nos permiten analizar la situación y evolución del campo en España.

- Llevar a cabo un análisis conceptual.

- Dibujar la evolución temática del Trabajo Social Español.

3. Métodos bibliométricos basados en mapas de ciencia

La Bibliometría consiste en el uso de distintos indicadores matemáticos y estadísticos para estudiar publicaciones de investigaciones científicas. Estas medidas satisfacen las necesidades de cuantificar diferentes aspectos de la ciencia y permiten objetivar y comparar la actividad científica. Mediante el análisis de los indicadores bibliométricos podemos tener una idea de la investigación científica en un campo relacionado con la producción bibliográfica en diferentes períodos de tiempo.

La Bibliometría colabora con los textos y la información acerca de las publicaciones científicas, especialmente en grandes conjuntos de datos. Como se indica más arriba, bibliometría es cuantificar la actividad científica y se pueden utilizar diferentes métodos para estudiar el impacto de un conjunto de investigadores (grupos de investigación, las instituciones, los países) o el impacto de un trabajo en particular.

En bibliometría, hay dos procedimientos para explorar un campo de investigación: el rendimiento análisis y mapeo de la ciencia. El análisis evalúa los grupos de agentes científicos y el impacto de su actividad. Dentro de la cartografía se está mostrando la estructura y el aspecto dinámico de la investigación científica, que delimita un campo de investigación, y que cuantifica la visualización de los subcampos detectados.

Esta sección está organizada en diferentes apartados:

- La sección 3.1 ofrece una breve visión de diferentes indicadores bibliométricos.

- La sección 3.2 describe los fundamentos de los mapasa de ciencia.

- La sección 3.3 se presentan las características de presentación de la herramienta SciMat.

3.1 Indicadores bibliométricos

Los indicadores bibliométricos son medidas utilizadas para evaluar de manera objetiva y científica actividades tecnológicas. Principalmente, este tipo de indicadores han tenido como el objetivo dar valor científico por medio de resultados cuantitativos y cualitativos.

Estos indicadores se pueden clasificar en tres grandes bloques:

- **Indicadores de producción:** Su objetivo es contar las publicaciones de diferentes agentes científicos, en vista de las publicaciones como los documentos que propagan de manera formal y por canales públicos. Estos indicadores se utilizan para cuantificar las publicaciones, pero sí no consideran aspectos como la calidad o el contenido. Los indicadores más utilizados son:

  - Número de publicaciones

  - El porcentaje de publicaciones en una base de datos

  - El lenguaje y tipo de distribución

- Idioma de publicación

- El nivel básico/práctico

- **Indicadores de impacto:** La mayoría de los indicadores se basan en contar el número de citas recibidas por los documentos o publicaciones.

  Se pueden dividir:

  - Indicadores de factor de impacto

  - Indicadores citados de base recibidos de documentos

  En primer lugar, se basan en el número de citas recibidas en los dos últimos años. Por esta razón, estos indicadores tienen en cuenta la calidad de las revistas. En segundo lugar, representa el impacto de un documento o conjunto de documentos en particular, publicado por un autor, institución, etc...

- **Indicadores de colaboración:** Estos indicadores cuantifican la colaboración en la producción científica y están basados en los autores y las firmas de las instituciones. Estos indicadores nos permiten observar el flujo de la producción científica.

3.2 Mapas de ciencia

La Ciencia de la Cartografía nos permite obtener una representación espacial de cómo las disciplinas, los campos, las especialidades y los documentos o autores individuales están relacionados entre sí. Con el uso de la ciencia de la cartografía podemos monitorizar un campo científico y delimitar áreas de investigación para determinar su estructura cognitiva y su evolución.

En la asignación de la ciencia, existen diferentes aspectos que tenemos que describir:

a) **Las fuentes de datos**

   Hay varias bases de datos bibliográficas cuya línea de trabajo son trabajos científicos y que almacenan citas. Entre estas bases de datos bibliográficas, las más importantes son ISI(WoS http://www.webofknowledge.com), Scopus (http://www.scopus.com),Google (Erudito http://scholar.google.com) y NLM MEDLINE (http://www.ncbi.nlm.nih.gov/PubMed). Cada base de datos abarca los campos de la ciencia y las revistas de diferente manera. Tenemos que seleccionar la base de datos bibliográficas que cubre nuestra necesidades de información y nos permite trabajar con la mejor posible.

b) **Unidades de análisis**

   Por lo general, las unidades de análisis en la ciencia de la cartografía son periódicas, documentos, referencias citadas, autores, términos o palabras descriptivas. Las palabras pueden ser seleccionadas del título, resumen, cuerpo de los documentos, o algunas combinaciones de ellos.

Además, podemos seleccionar palabras claves o palabras clave del autor indexado por las fuentes de datos bibliográficas como palabras para analizar.

Se estableció la relación entre las unidades de análisis que utilizan como datos de co-ocurrencia. Es decir, la similitud entre las unidades de análisis, se mide generalmente contando las veces en las que dos unidades aparecen juntos en los documentos. A través de la vinculación directa para obtener las relaciones entre las unidades. Por otra parte, el acoplamiento bibliográfico se utiliza para analizar la estructura intelectual de un campo de la investigación científica. La diferencia entre el acoplamiento bibliográfico y co-citado es que el acomplamiento bibliográfico es una relación fija y permanente, ya que depende de las referencias contenidas en los documentos unidos, en tanto que la co-citación variará con el tiempo.

Estas relaciones se pueden representar como un gráfico de red, donde las unidades son los nodos y las relaciones entre ellos representan un borde entre dos nodos. Los diferentes aspectos de un campo de investigación se pueden analizar en función de las unidades seleccionadas de análisis.

c) **Los datos de pre-procesamiento**

Normalmente, los datos recuperados de las bases de datos bibliográficas contienen errores, por ejemplo, faltas de ortografía en el nombre del autor, título de la revista, o en la lista de referencia. Por otra parte, a veces hay que añadir la información a los datos originales, debido que están incompletos. El pre-paso del proceso es muy importante, ya que sin el no podemos aplicar el análisis de ciencia cartográfica directamente a los datos recuperados. Este proceso mejora la calidad de las unidades de análisis.

Los procesos de tratamiento previo, que podemos aplicar para preparar los datos son los siguientes:

- La detección de elementos duplicados y faltas de ortografía (nombre de autor, sinónimos, acrónimos, etc...).

- Dividir los datos en diferentes períodos de tiempo o intervalos de tiempo, para analizar la evolución del campo de investigación en estudio.

- La Reducción de datos tiene como objetivo seleccionar los datos más importantes (artículos más citados, la mayoría de autores productivos, diarios con las mejores medidas de rendimiento, etc.).

- Seleccionar los nodos más importantes de la red de relaciones entre las unidades de análisis de acuerdo con diferentes medidas, la eliminación de los nodos aislados, la eliminación de los enlaces menos importantes entre los nodos, etc...

d) Proceso de Normalización

Cuando la red de relaciones se ha construido, se aplica una transformación los primeros datos para normalizarla. Diferentes medidas de similitud se han utilizado en la literatura, las más populares es el coseno de Salton, Índice de Jacquard, Índice de equivalencia y la fuerza de asociación, que también se conoce como Índice de proximidad o probabilístico, Índice de Afinidad.

La normalización de texto establece una ponderación a cada término en función de su importancia en el corpus. Diferentes medidas de normalización de texto se pueden aplicar: tf.idf, análisis de semántica latente, pruebas de coeficiente de log-likehood, índice de sesión de entropía, información mutua, etc.

e) Paso de mapeo

Este paso es el más importante. Es responsable de construir el mapa mediante la aplicación de un algoritmo de mapeo a toda la red formada utilizando las relaciones entre las unidades seleccionadas de análisis.

Se han propuesto diferentes técnicas para construir el mapa. Técnicas de reducción de dimensionalidad, como el análisis de componentes principales o MDS es utilizado para transformar la red en un espacio de pocas dimensiones (a menudo dos dimensiones). Se utiliza un algoritmo de clustering para realizar la detección de la comunidad. Recientemente, algunos autores han propuesto nuevas y diferentes algoritmos de agrupamiento para llevar a cabo esta tarea: Streemer, la agrupación espectral, la maximización de la modularidad y remuestreo bootstrap con una importante agrupación, entre otros. Por último, las redes Pathfinder se utilizan para identificar la columna vertebral de la red. Por otra parte, la minería en general gráfica o técnicas de análisis de redes sociales se pueden utilizar en el paso de asignación.

f) Métodos de análisis

Una vez que el mapa se ha construido, diferentes análisis se pueden aplicar para obtener una útil información sobre el mapa dibujado.

El análisis de redes nos permite realizar un análisis estadístico sobre el mapa generado en el paso anterior, por ejemplo, el número total de nodos, aislados linfáticos, de grado medio, componentes débilmente conectados, o densidad gráfica sean medido. El análisis puede llevarse a cabo para obtener medidas cuantitativas o cualitativas de cada cluster.

El Análisis temporal es otro importante análisis que se puede realizar, cuyo objetivo es analizar la evolución del campo de la investigación a través de diferentes períodos de tiempo.

Detección Burst es un tipo de análisis temporal. Sus objetivos son encontrar características que tienen una alta intensidad con duraciones finitas de períodos de tiempo. Un algoritmo se describe para resolver este problema.

Por último, el análisis geoespacial permite detectar que algo sucede y nos indica cuál es el impacto en las áreas vecinas. Estos datos normalmente se extraen de la afiliación de datos.

g) **Las técnicas de visualización**

Cuando se han generado las salidas del análisis, las técnica de visualización empleada es muy importante para una buena comprensión y una mejor interpretación.

Las redes y subredes detectadas en la fase de asignación se pueden representar mediante mapas heliocéntricos, modelos geométricos y redes temáticas. Otro tipo de mapas consiste en representar un mapa donde la distancia entre los dos elementos refleja la fuerza de le relación entre ambos. Una distancia menor generalmente indica relación más fuerte.

Si se aplica la detección de la comunidad, los diferentes grupos detectados pueden clasificarse utilizando un diagrama estratégico. Un diagrama estratégico extrae del espacio tridimensional construido por temas de trazado de acuerdo con diferentes medidas utilizando un análisis post red.

Para mostrar la evolución de los cúmulos detectados en períodos sucesivos, se han utilizado diferentes técnicas:

- Cadena de clústeres

- Laminados clustering

- Los diagramas de aluviales

- Visualización de áreas temáticas

Por lo general, los resultados geoespaciales se visualizan en un mapa temático.

h) **La interpretación de los resultados.**

Cuando el analista obtiene los datos es necesario interpretar los datos. Esta interpretación se realiza utilizando la experiencia analista en el conocimiento.

El analista descubre y extrae conocimiento útil que podría ser utilizado para hacer decisiones sobre las políticas a implementar.

3.3 Scimat

Utilizaremos una herramienta para llevar a cabo el análisis de cartografía científica, SciMat, que combina las dos herramientas de análisis de rendimiento y herramientas de mapeo de ciencias para analizar un campo de investigación, para detectar y visualizar sus subdominios conceptuales y la evolución de su temática. Esta herramienta nos permite llevar a cabo estudios de mapeo de la ciencia bajo un marco longitudinal. Detección de una lista de palabras clave importantes que construyen un gráfico donde las palabras clave son los nodos y los bordes entre ellos representan sus relaciones.

Las principales características de SciMat son:

- Incorpora todos los módulos necesarios para llevar a cabo todos los pasos del flujo de trabajo del mapeo de la ciencia, que puede ser configurado en ad hoc. Ayuda a que el analista lleva a cabo los diferentes pasos de flujo de trabajo del mapeo, la ciencia de la carga de datos y de procesamiento previo de os datos a la visualización e interpretación de los resultados.

- Incorpora métodos para construir los mapas usando algoritmos de clustering y diferentes técnicas de visualización útiles para la interpretación de las salidas de información de SciMat.

- Implementa una amplia gama de herramientas de pre-procesamiento, tales como la detección de duplicados y artículos mal escritos, el tiempo de corte, y los datos y la reducción de la red.

- Permite al analista realizar un análisis de asignación de la ciencia longitudinal que se utiliza como marco para analizar y realizar un seguimiento de la evolución conceptual, intelectual o social de un campo de investigación a través del curso de períodos de tiempo consecutivos.

- Construye mapas de la ciencia enriquecidos con medidas bibliométricas sobre la base de las citas tales como la suma, máximo, mínimo y promedio de citas. Además SciMat utiliza índices bibliométricos avanzados como índice h, g-índice, hg-índice y q2-index.

Herramienta SciMat tiene cuatro fases para analizar los temas de la evolución temática de un campo de la investigación:

1. *Para detectar las subestructuras contenidas en el campo de investigación.*

Este proceso se divide en cinco pasos:

- Colección de datos en bruto.

Para recoger los datos en bruto que tenemos que obtener todo la documentación publicada sobre el campo. Utilizaremos la base de datos ISI WoS. Es muy importante utilizar una consulta de palabras clave descriptivas para recoger tantos documentos como sea posible. Una vez que tengamos todos los datos en bruto, tenemos que dividirlo en diferentes particiones con el fin de analizar la evolución del campo de la investigación a través de los años.

- La selección del tipo de elemento a analizar.

En nuestro caso, usamos las palabras clave (palabras clave de autores, revistas, indexación como ISIWoS palabras clave Plus) presentan en los documentos seleccionados. Un proceso de normalización se lleva a cabo antes de este sobre las palabras claves, donde las formas plurales y singulares de las palabras clave se unen. Los acrónimos también se unen con las respectivas palabras claves.

- Extraer la información relevante de los datos en bruto.

Para este método, la información relevante consiste en la concurrencia de las palabras clave. Se extrae la frecuencia de concurrencia de dos palabras clave del corpus de documentos en los que las dos palabras aparecen juntas.

- El cálculo de similitudes entre los elementos basados en la información obtenida.

En este paso tenemos que calcular el índice de equivalencia de palabras clave

$eij : eij = \dfrac{c2ij}{ci.cj}$. En donde cij es el número de documentos en los que dos

palabras claves i y j concurrente, y ci y cj representan el número de documentos en los que aperecen cada uno de ellos. Cuando las palabras clave aparecen siempre juntas, el índice de equivalencia es igual a la mitad; cuando nunca se asocian, es igual a cero.

- El uso de una agrupación de algoritmos para detectar los temas.

Se basa en un proceso de agrupamiento para localizar los subgrupos de palabras clave que están estrechamente vinculadas entre sí y que corresponden a los centros de interés o problemas de investigación que son objeto de una importante inversión de investigación. Agrupamos palabras clave en temas utilizando sencillos algoritmos de centros. Un post-proceso, que devuelve automáticamente grupos de etiquetados, por lo que etiquetar los grupos no es necesario.

Dos palabras clave que aparecen con poca frecuencia en el corpus, pero siempre aparecen juntas tendrán valores de resistencia mayores que las palabras claves que aparecen muchas veces en el corpus casi siempre juntas por lo tanto son asociaciones débiles que pueden llegar a dominar la red. El algoritmo simple de centros resuelve este problema mediante el uso de diferentes parámetros: la frecuencia mínima y los umbrales de concurrencia. Sólo los pares de palabras clave que superen estos umbrales se consideran posibles vínculos mientras que la construcción de redes durante el primer paso del algoritmo. Por otra parte, el algoritmo tiene dos parámetros para limitar el tamaño de los temas detectados: El tamaño mínimo y máximo de las redes.

2. **Para construir diagramas estratégicos**

A través del proceso de agrupación se obtiene un conjunto de redes interconectadas o temas. Entonces, en este contexto cada red de palabras clave o tema se pueden caracterizar por dos parámetros

- Centralidad: Mide el grado de interacción de una red con otras redes y se puede definir como: $c = 10 * \sum e_{kh}$, con k una palabra que pertenece al tema y h una palabra que pertenece a otros temas. La centralidad mide la fuerza de los vínculos externos a otros temas. Podemos entender este valor como una medida de la importancia de un tema en el desarrollo de todo el campo de investigación analizado.

- Densidad: Mide la fuerza interna o de la red y se puede definir como:

$$d = 100 \frac{\sum e_{ij}}{w}$$, Con i y j palabras clave que pertenecen al tema y w el número de palabras claves en el tema. La densidad mide la fuerza de los lazos internos entre todas las palabras clave que describen el tema de investigación. Este valor puede ser entendido como una medida del desarrollo del tema.

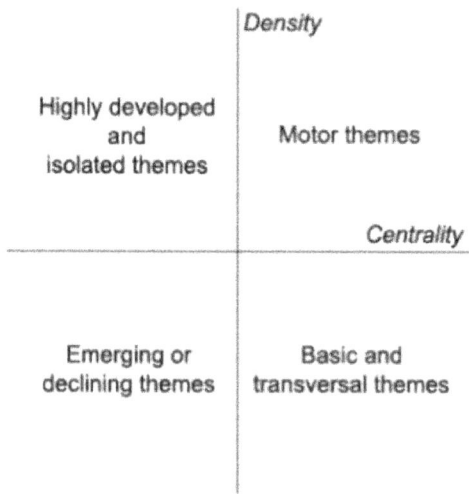

Figura 1. El diagrama estratégico, la red temática

Un Diagrama estratégico es una espacio bidimensional construido por temas de trazado según su centralidad y valores de rango de densidad. Como un ejemplo, en la figura 1 se presenta un diagrama estratégico. Por lo tanto, con los dos parámetros de un campo de investigación puede ser entendido como un conjunto de los temas de investigación, trazado en un espacio de dos dimensiones y clasificados en cuatro grupos:

- Temas en el cuadrante superior derecho son importantes para la estructuración de un campo de investigación. Se les conoce como los temas-motores de la especialidad dado que presentan una fuerte centralidad y de alta densidad.

- Temas en el cuadrante superior izquierdo tienen buenos vínculos internos, estos presentan relaciones exteriores sin importancia, y también lo son de una importancia pequeña para el campo. Estos temas son muy especiales.

- Temas en el cuadrante inferior izquierdo son temas débilmente desarrollados y marginales. Los temas de este cuadrante tiene una baja densidad y baja centralidad.

- Temas en el cuadrante inferior derecho son importantes para un campo de investigación, pero no están muy desarrollados.

En un tema las palabras clave y sus interconexiones dibujan un gráfico de la red, llamada red temática (Fig.2).

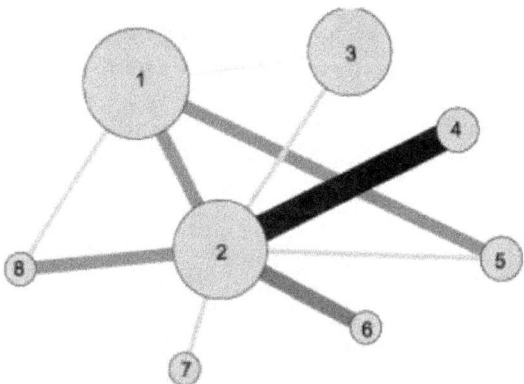

Figura 2. Red Temática

Además, los diagramas estratégicos pueden ser enriquecidos mediante la adición de una tercera dimensión en ordenar para mostrar más información. Así, por ejemplo, los temas pueden ser representados como una esfera, su volumen es proporcional cuantitativamente (o cualitativamente) de datos, tales como, por ejemplo, el número de documentos relacionados con el tema o el número de citas recibidas por los documentos relacionados con el tema.

3 Para detectar las áreas temáticas.

Se analiza la evolución de los temas detectados a través de los diferentes subperíodos estudiados, con el fin de detectar las principales áreas temáticas generales del campo de la investigación, sus orígenes y sus interrelaciones. SciMat se basa en el Índice de inclusión para detectar un nexo conceptual entre los temas de diferentes épocas y , de esta manera, para identificar las áreas temáticas en un campo de investigación. Por lo tanto, un área temática se define como un grupo de temas se desarrollaron en distintos subperiodos. Tenga en cuenta que, dependiendo de las interconexiones entre ellos, un tema podría pertenecer a un área temática diferente, o no podría venir de cualquiera. En la figura 3 se muestra un ejemplo de una temática de evolución de mapa bibliométrico se muestra a través de dos períodos de tiempo. Las líneas continuas (Linea 1 y 2), significa que los temas vinculados comparten el mismo nombre: ambos temas son marcados con las mismas palabras clave y la etiqueta de un tema es parte de otro tema (nombre del tema $\in$ {Nexos temáticos}). Una línea de puntos (línea 3), significa que los temas comparten elementos que no son los nombres de los temas (nombre de los temas $\notin$ {Nexos temáticos}). El espesor de los bordes es proporcional al índice de inclusión, y el volumen de las esferas es proporcional al número de documentos publicados asociados con el tema. A continuación, podemos observar dos áreas temáticas diferentes delimitadas por diferentes colores-sombras, una compuesta por los temas $ThemeA^1$ y $ThemeA^2$ y los otros compuestos por los temas $ThemeB^1$, $ThemeB^2$ y $ThemeC^2$. $ThemeD^1$ es discontinuado, y $ThemeD^2$ está considerado para ser un nuevo tema. A medida que los temas han asociado un conjunto de documentos, las áreas temáticas podrían también tener una colección asociada de documentos obtenidos de la unión de los documentos asociados a su conjunto de temas.

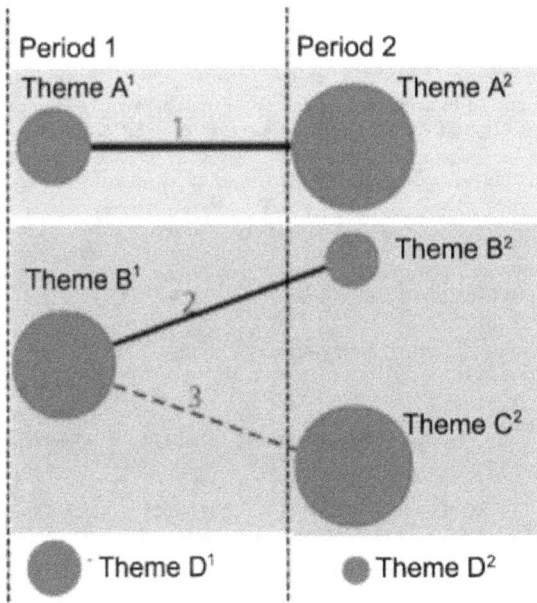

Figura 3. Evolución Temática

4.*Para llevar a cabo un análisis de rendimiento.*

En esta fase, podemos medir (cuantitativa y cualitativamente) la contribución relativa de temas y áreas temáticas en todo el ámbito de la investigación, la detección de la mayoría de prominentes , y subcampos de mayor impacto productivo. Para ello, se utiliza los siguientes indicadores bibliométicos aplicados a los diferentes temas detectados y áreas temáticas:

- Los números de documentos publicados

- El número de citas recibidas

- El índice h

4. Analisis de trabajo social español

Una vez que se describe la metodología, se muestran los resultados obtenidos para analizar el "Trabajo Social". En primer lugar, se describe el conjunto de revistas de la categoría en Trabajo Social que están registradas en la ISI Jornal Citation Reports. Finalmente, se muestran los resultados del análisis conceptual.

4.1 Conjunto de revistas

En esta sección se muestra el conjunto de revistas que están registras en el Journal Citation Report en la categoría de "Trabajo Social".

TITULO	TITULO ABREVIADO	ISSN	PAISES	FACTOR DE IMPACTO	FACTO IMPAT 5 AÑ
Trauma Violence & Abuse	TRAUMA VIOLENCE ABUS	1524-8380	Trauma Violence & Abuse	3.265	
Child Maltreatment	CHILD MALTREATMENT	1077-5595	United States	2.770	
Child Abuse & Neglect	CHILD ABUSE NEGLECT	0145-2134	United States	2.471	
American Journal of Community Psychology	AM J COMMUN PSYCHOL	0091-0562	United States	1.736	
Research on Social Work Practice	RES SOCIAL WORK PRAC	1049-7315	United States	1.532	
Children and Youth Services Review	CHILD YOUTH SERV REV	0190-7409	United States	1.269	
British Journal of Social Work	BRIT J SOC WORK	0045-3102	England	1.190	
Revista de Cercetare si Interventie Sociala	REV CERCET INTERV SO	1583-3410	Romania	1.186	
Social Work	SOC WORK	0037-8046	United States	1.148	
Journal of Social Policy	J SOC POLICY	0047-2794	England	1.113	
Journal of Social Work	J SOC WORK	1468-0173	England	1.000	
Journal of Community Psychology	J COMMUNITY PSYCHOL	0090-4392	United States	0.985	
Health & Social Work	HEALTH SOC WORK	0360-7283	United States	0.936	

Child & family Social Work	CHILD FAM SOC WORK	1356-7500	England	0.933	
Social Work Research	SOC WORK RES	1070-5309	United States	0.875	1.093
Health & Social Care in the Community	HEALTH SOC CARE COMM	0966-0410	England	0.862	1.224
Journal of Social Work Education	J SOC WORK EDUC	1043-7797	United States	0.768	1.113
Children & Soc	CHILD SOC	0951-0605	England	0.730	
	SOC SERV REV	0037-7961		0.721	1.318
Family Relations	FAM RELAT	0197-6664	United States	0.680	1.444
Affilia-Journal of Women and Social Work	AFFILIA J WOM SOC WO	0886-1099	United States	0.649	0.725
Social Work in Health Care	SOC WORK HEALTH CARE	0098-1389	United States	0.620	0.686
European Journal of Social Work	EUR J SOC WORK	1369-1457	England	0.581	
Social Policy & Administration	SOC POLICY ADMIN	0144-5596	England	0.566	1.034
Child Abuse Review	CHILD ABUSE REV	0952-9136	England	0.556	
International Social Work of Social Welfare	INT J SOC WELF	1369-6866	England	0.543	0.795
Journal of Social Work Practice	J SOC WORK PRACT	0265-0533	England	0.484	0.704
International Social Work	INT SOC WORK	0020-8728	England	0.476	0.535
Australian Social Work	AUST SOC WORK	1447-0748	England	0.466	
Journal of Social Service Research	J SOC SERV RES	0148-8376	England	0.439	0.551
Ljetopis Socijalnog Rada	LJETOP SOC RADA	1846-5412	Croatian	0.371	
Administration in Social Work	ADMIN SOC WORK	0364-3107	England	0.360	0.667
Smith College Studies in Social Work	SMITH COLL STUD SOC	0037-7317	United States	0.357	0.300
Social Work in Public Health	SOC WORK PUBLIC HLTH	1937-1918	United States	0.310	

Families In Society-The Journal of Contemporary Social Services	FAM SOC	1044-3894	United States	0.286	C
Clinical Social Work Journal	CLIN SOC WORK J	0091-1674	United States	0.274	C
Australian Journal of Guidance and Counselling	AUST J GUID COUNS	1037-2911	Australia	0.212	
Asia Pacific Journal of Social Work and Development	ASIA PAC J SOC WORK	0218-5385	Singapore	0.037	C

Tabla 1. Información Básica de cada Revista en Trabajo Social

4.2 Conjunto de datos a nivel nacional

En esta sección se muestra en primer lugar la consulta que hemos utilizado en ISI para que esta Base de Datos nos muestre los resultados esperados. La variable 'SO' hace referencia al nombre de la revista y AD al lugar del destinatario que en este caso sería `spain'.

En segundo lugar mostramos la consulta:
SO=ADMIN SOC WORK OR SO=AFFILIA J WOM SOC WO OR SO=AM J COMMUN PSYCHOL OR SO=ASIA PAC J SOC WORK OR SO=AUST J GUID COUNS OR SO=AUST SOC WORK OR SO=BRIT J SOC WORK OR SO=CHILD ABUSE NEGLECT OR SO=CHILD ABUSE REV OR SO=CHILD FAM SOC WORK OR SO=CHILD MALTREATMENT OR SO=CHILD SOC OR SO=CHILD YOUTH SERV REV OR SO=CLIN SOC WORK J OR SO=EUR J SOC WORK OR SO=FAM RELAT OR SO=FAM SOC OR SO=HEALTH SOC CARE COMM OR SO=HEALTH SOC WORK OR SO=INT J SOC WELF OR SO=INT SOC WORK OR SO=J COMMUNITY PSYCHOL OR SO=J SOC POLICY OR SO=J SOC SERV RES OR SO=J SOC WORK OR SO=J SOC WORK EDUC OR SO=J SOC WORK PRACT OR SO=LJETOP SOC RADA OR SO=RES SOCIAL WORK PRAC OR SO=REV CERCET INTERV SO OR SO=SMITH COLL STUD SOC OR SO=SOC POLICY ADMIN OR SO=SOC SERV REV OR SO=SOC WORK OR SO=SOC WORK HEALTH CARE OR SO=SOC WORK PUBLIC HLTH OR SO=SOC WORK RES OR SO=TRAUMA VIOLENCE ABUS) AND AD='spain'.

4.3 Analisis biblimétrico

En esta parte nos centramos en analizar cualitativamente el área de Trabajo Social en la esfera Nacional teniendo en cuenta las bases de datos bibliográficas de referencia internacional que edita Thomson Reuters, es decir, el Web of Science y el Journal Citation Reports de Social Sciences. Para ello usamos el software bibliométrico Scimat que nos permite descubrir las temáticas principales existentes en Trabajo Social así como su evolución científica conceptual, a nivel internacional. Para ello usamos como referencia las publicaciones del área y las citas generadas de acuerdo al Web of Science.

Un total de 142 de artículos fueron publicados en 38 revistas relacionadas en trabajo social.

	Trabajo Social en España
Frecuencia Mínima	2
Min concurrencia	2
Nº de Palabras clave	562

Tabla 2. Información de Frecuencia Mínima, Min concurrencia, Nº de Palabras clave

En la Tabla 3 se muestran los temas detectados automáticamente. Estos temas se detectan mediante el análisis de co-ocurrencia y grupo de palabras clave.

Trabajo Social en España
CHILD-ABUSE
BEHAVIOR
SERVICES
MODEL
CHILDREN-AND-ADOLESCENT
SOCIAL-SERVICES
ADDICTIONS
INTERCOUNTY-ADOPTION
PARTICIPATION
DOMESTIC-VIOLENCE
SPAIN

Tabla 3. Temas detectados automáticamente

Con el fin de analizar los temas más destacados tratados en trabajo social, construimos en SciMAT dos tipos de diagramas.

En el primer diagrama, se muestra el mapa de la evolución, en el que se puede observar la evolución conceptual de un campo. A través de la interpretación de este mapa, es fácil identificar los temas que se han tratado en todos los períodos.

En el segundo diagrama se muestra el diagrama estratégico. En este caso, podemos observar los temas más importantes, temas básicos y transversales, temas altamente desarrollados y emergentes o en descenso.

Dentro de esta división, el diagrama estratégico se ha representado utilizando dos tipos de diagramas.

En el primer diagrama, el volumen de las esferas es proporcional al número de documentos relacionados con cada tema y en el segundo, es proporcional al promedio de citas recibidas por los documentos en cada tema. La evolución temática es representada mediante la cantidad de esferas que es proporcional al número de documentos relacionados con cada tema.

a) **Diagramas estratégicos**

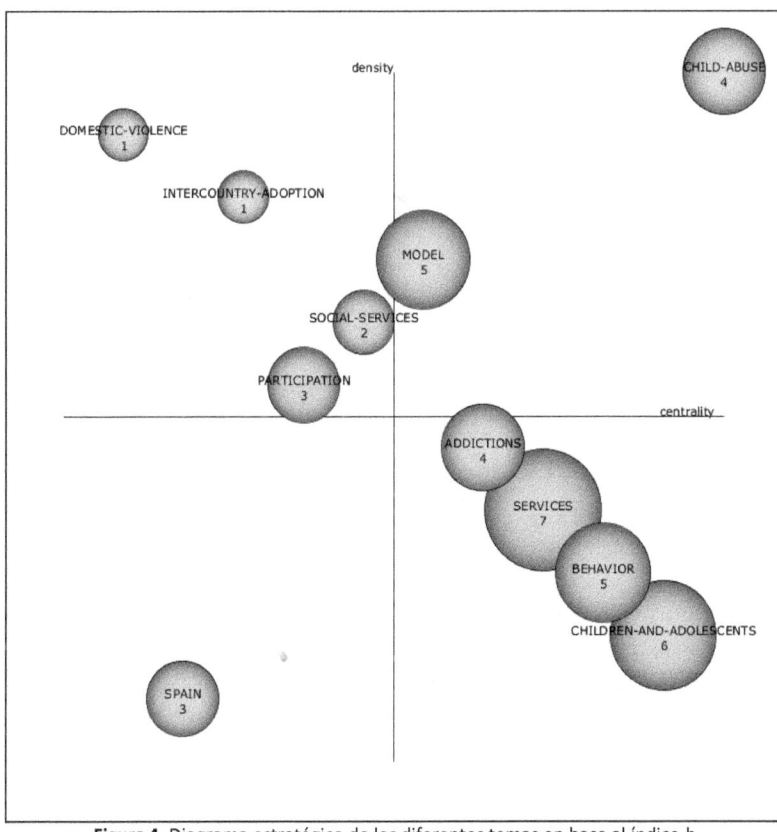

Figura 4. Diagrama estratégico de los diferentes temas en base al índice-h

En estas figuras 4 y 5 se puede observar lo siguiente:

- SERVICES es el tema con mayor índice-h y se encuentra en el cuadrante de temas Basico y tranversales.
- INTERCOUNTRY-ADOPTION es el tema con menor índice-h y se encuentra en el cuadrante de temas altamente desarrollados.

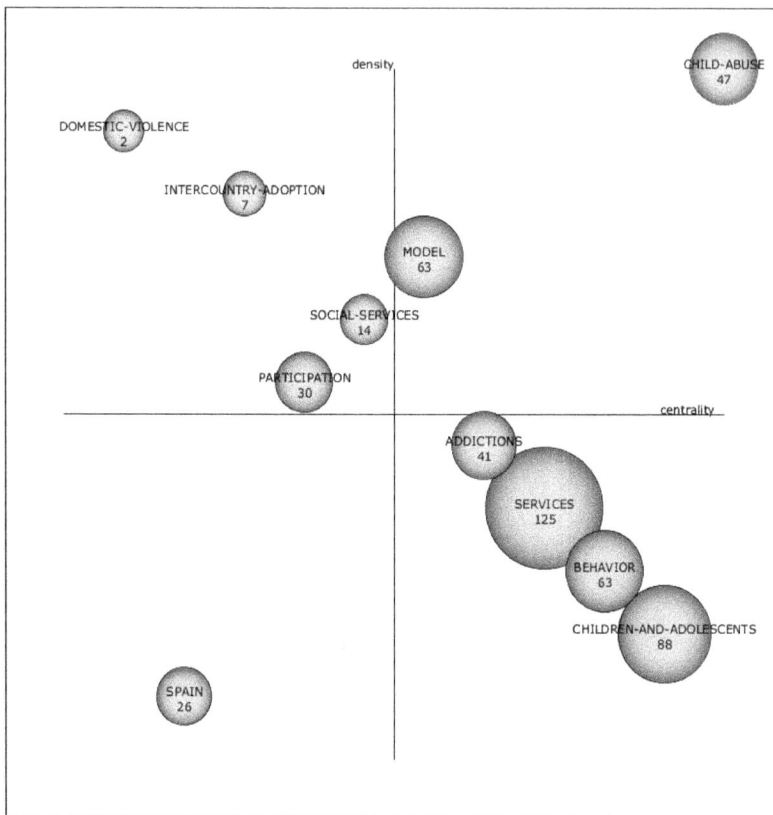

Figura 5. Diagrama estratégico de los diferentes temas en base sus citas

- Si tenemos en cuenta las citas, el tema SERVICES(125 citas) es el más productivo, le sigue CHILD-AND-ADOLESCENTS(88), BEHAVIOR(63) y MODEL(63).
- CHILD-ABUSE y MODEL son temas motor ya que presentan una fuerte centralidad y alta densidad.
- ADDICTIONS, SERVICES, BEHAVIOR y CHILDREN-AND-ADOLESCENTS son temas basicos y tranversales.
- SOCIAL-SERVICES, INTERCOUNTRY-ADOPTION, PARTICIPATION, DOMESTIC-VIOLENCE, son temas altamente desarrollados y aislados ya que presentan una gran densidad y poca centralidad.
- SPAIN se encuentra en los temas emergentes o en descenso

Tema	Número Documentos	Indice-h	Promedio Citaciones	Citaciones
CHILD-ABUSE	24	4	1.95	47
BEHAVIOUR	28	5	2.25	63
SERVICES	32	7	3.90	125
MODEL	19	5	3.31	63
CHILDREN-AND-ADOLESCENT	37	6	2.37	88
SOCIAL-SERVICES	5	2	2.8	14
ADDICTIONS	10	4	4.1	41
INTERCOUNTRY-ADOPTION	3	1	2.3	7
PARTICIPATION	7	3	4.28	30
DOMESTIC-VIOLENCE	2	1	1	2
SPAIN	12	3	2.16	26

Tabla 4. Resumen de los datos de Trabajo Social Nacionales

Analizando la tabla resumen donde se muestra el número de Documentos, el Índice-h, el promedio de citaciones y número de Citaciones.

- SERVICES es el tema con mayor índice-h y el tema con menor índice-h es DOMESTIC-VIOLENCE.
- PARTICIPATION es el tema con mayor promedio en citaciones por lo tanto es un altamente desarrollado ya que en el diagrama estaba en el cuadrante de temas altamente desarrollados.
- DOMESTIC-VIOLENCE es el tema con menor promedio en citaciones.
- El Tema más citado es CHILDREN-AND-ADOLESCENT y también es el tema con mayor número de documentos.
- El que menos citaciones presenta es DOMESTIC-VIOLENCE y es también el que menos documentos presenta. DOMENSTIC-VIOLENCE es un tema

altamente desarrollado y aislado ya que tiene pocos documentos y citaciones.

a) **Redes temáticas**

En esta sección se muestran los temas de mayor importancia, según el número de documentos asociados, las citas y los lugares de los diagramas estratégicos.

1. El tema **CHILD-ABUSE**, cuya red temática se muestra en la Figura 6, está relacionado con las palabras clave (o tema): *Language-Development, Pragmatics, Intervention, Impairtment, Principles, Residential-Care, Neglect, Abuse, Abuse-Children, Language, Families.*

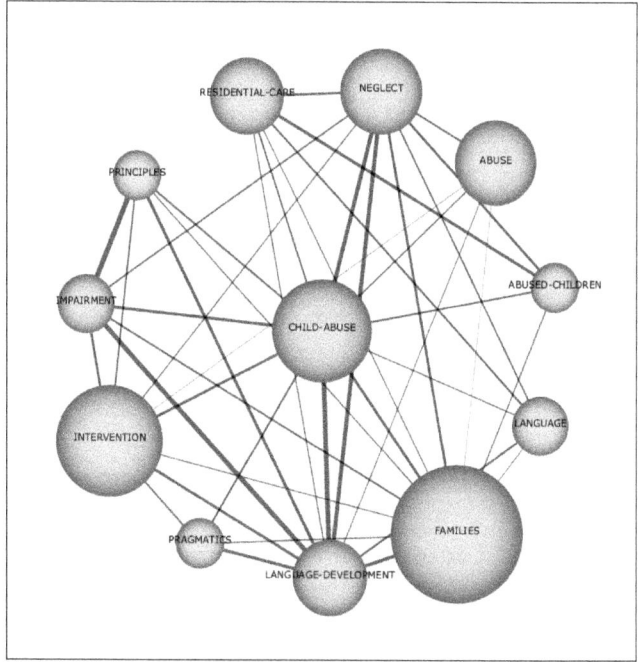

Figura 6. Red temática de CHILD-ABUSE

Los tres documentos más citados del tema **CHILD-ABUSE**:

Rodrigo, MJ, Martin, JC, Maiquez, ML, Rodriguez, G, Informal and formal supports and maternal child-rearing practices in at-risk and non at-risk psychosocial contexts. CHILDREN AND YOUTH SERVICES REVIEW 29:3 329-347 (2007). Times cited: 13

del Valle, JF, Bravo, A, Alvarez, E, Fernanz, A, Adult self-sufficiency and social adjustment in care leavers from children's homes: a long-term assessment. CHILD & FAMILY SOCIAL WORK 13:1 12-22 (2008). Times cited: 7

del Valle, JF, Bravo, A, Lopez, M, PARENTS AND PEERS AS PROVIDERS OF SUPPORT IN ADOLESCENTS' SOCIAL NETWORK: A DEVELOPMENTAL PERSPECTIVE. JOURNAL OF COMMUNITY PSYCHOLOGY 38:1 16-27 (2010). Times cited: 6

2. El tema **BEHAVIOR**, cuya red temática se muestra en la Figura 7, está relacionado con las palabras clave (o tema): *Self-Esteem, Perceptions, Metaanalysis, Fost-Children, Placement, Psychological-Adjustment, Strategies, Psychopathology, Middle-School, Adolescents, Mothers.*

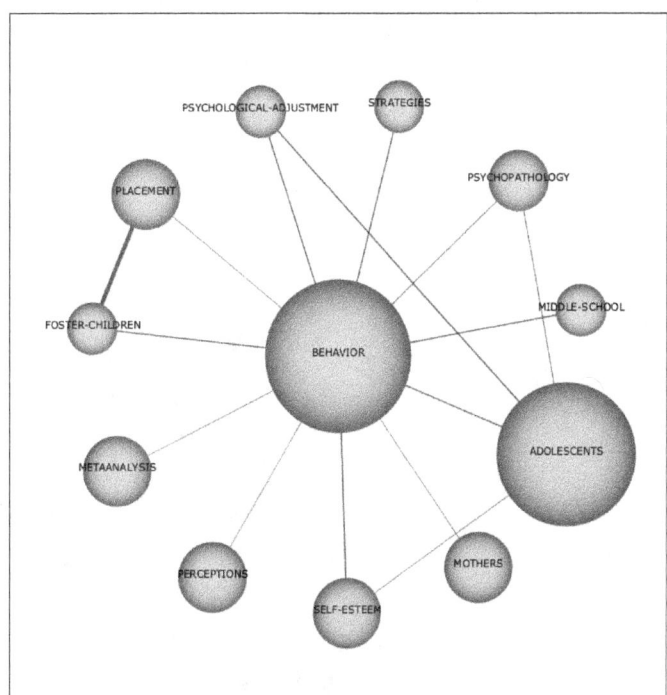

Figura 7. Red temática de BEHAVIOR

Los tres documentos más citados del tema **BEHAVIOR**:

Garcia-Ramirez, M, Martinez, MF, Balcazar, FE, Suarez-Balcazar, Y, Albar, MJ, Dominguez, E, Santolaya, FJ, Psychosocial empowerment and social support factors associated with the employment status of immigrant welfare recipients. JOURNAL OF COMMUNITY PSYCHOLOGY 33:6 673-690 (2005). Times cited: 12

Marsiglia, FF, Kulis, S, Rodriguez, GM, Becerra, D, Castillo, J, Culturally Specific Youth Substance Abuse Resistance Skills: Applicability Across the U. S.-Mexico Border. RESEARCH ON SOCIAL WORK PRACTICE 19:2 152-164 (2009). Times cited: 9

del Valle, JF, Lopez, M, Montserrat, C, Bravo, A, Twenty years of foster care in Spain: Profiles, patterns and outcomes. CHILDREN AND YOUTH SERVICES REVIEW 31:8 847-853 (2009). Times cited: 9

3. El tema **SERVICES**, cuya red temática se muestra en la Figura 8, está relacionado con las palabras clave (o tema): *Community, Health, Performance, Stress, People, Determinants, Parenting, Child-Welfare, Europe, Foster-Care, Kinship-Care.*

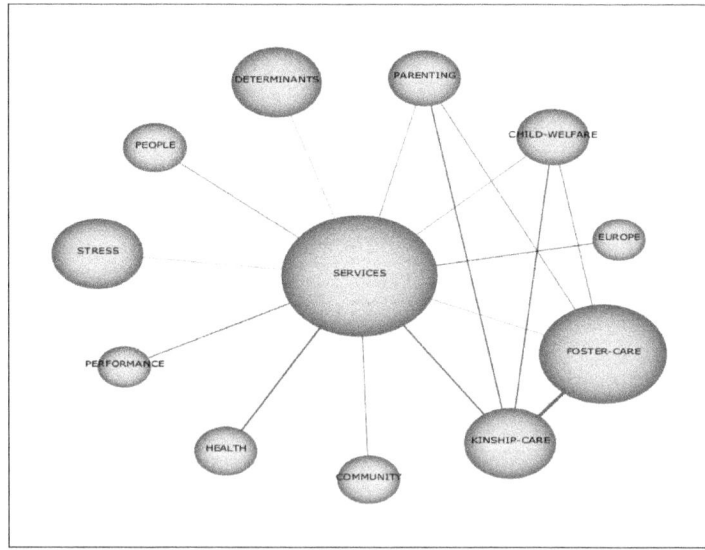

Figura 8. Red temática de SERVICES

Los tres documentos más citados del tema **SERVICES**:

Rico, A, Saltman, RB, Boerma, WGW, Organizational restructuring in European health systems: The role of primay care. SOCIAL POLICY & ADMINISTRATION 37:6 592-608 (2003). Times cited: 21

Herrero, J, Gracia, E, Measuring perceived community support: Factorial structure, longitudinal invariance, and predictive validity of the PCSQ (Perceived Community Support Questionnaire). JOURNAL OF COMMUNITY PSYCHOLOGY 35:2 197-217 (2007). Times cited: 16

Rodrigo, MJ, Martin, JC, Maiquez, ML, Rodriguez, G, Informal and formal supports and maternal child-rearing practices in at-risk and non at-risk psychosocial contexts. CHILDREN AND YOUTH SERVICES REVIEW 29:3 329-347 (2007). Times cited: 13

4. El tema **MODEL**, cuya red temática se muestra en la Figura 9, está relacionado con las palabras clave (o tema): *Oppression, Empowerment, Liberation, Social-Support, Acculturation, Sense, Immigrants, Perspective.*

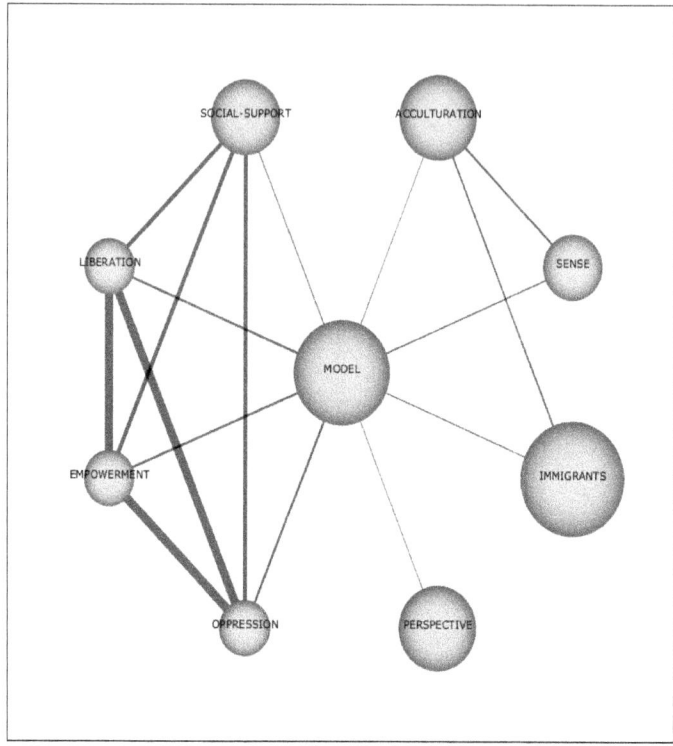

Figura 9. Red temática de MODEL

Los tres documentos más citados del tema **MODEL**:

Rodrigo, MJ, Martin, JC, Maiquez, ML, Rodriguez, G, Informal and formal supports and maternal child-rearing practices in at-risk and non at-risk psychosocial contexts. CHILDREN AND YOUTH SERVICES REVIEW 29:3 329-347 (2007). Times cited: 13

Garcia-Ramirez, M, Martinez, MF, Balcazar, FE, Suarez-Balcazar, Y, Albar, MJ, Dominguez, E, Santolaya, FJ, Psychosocial empowerment and social support factors associated with the employment status of immigrant welfare recipients. JOURNAL OF COMMUNITY PSYCHOLOGY 33:6 673-690 (2005). Times cited: 12

Hernandez-Plaza, S, Alonso-Morillejo, E, Pozo-Munoz, C, Social support interventions in migrant populations. BRITISH JOURNAL OF SOCIAL WORK 36:7 1151-1169 (2006). Times cited: 11

5. El tema **CHILDREN-AND-ADOLESCENT**, cuya red temática se muestra en la Figura 10, está relacionado con las palabras clave (o tema): *Youth, Risk-Factors, School, Adjustment, Resilience, Impact, Education, Outcomes.*

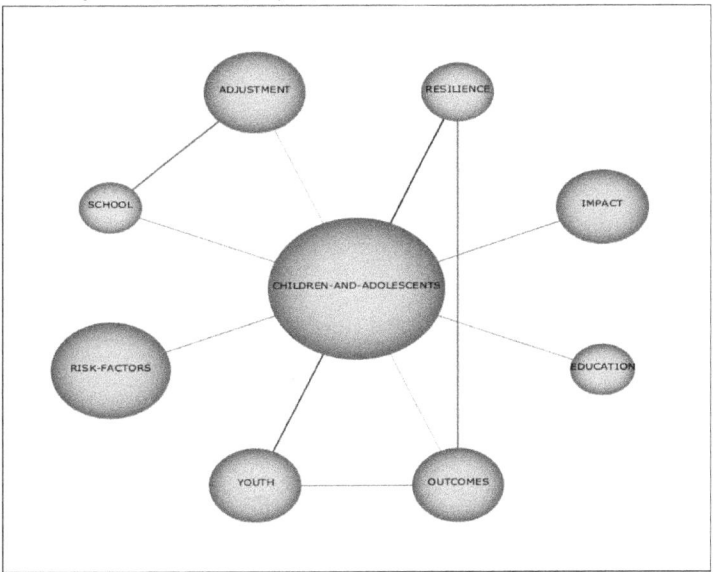

Figura 10. Red temática de SCHOOL

Los tres documentos más citados del tema **CHILDREN-AND-ADOLESCENTS**:

Rodrigo, MJ, Martin, JC, Maiquez, ML, Rodriguez, G, Informal and formal supports and maternal child-rearing practices in at-risk and non at-risk psychosocial contexts. CHILDREN AND YOUTH SERVICES REVIEW 29:3 329-347 (2007). Times cited: 13

del Valle, JF, Lopez, M, Montserrat, C, Bravo, A, Twenty years of foster care in Spain: Profiles, patterns and outcomes. CHILDREN AND YOUTH SERVICES REVIEW 31:8 847-853 (2009). Times cited: 9

Lopez-Goni, JJ, Fernandez-Montalvo, J, Illescas, C, Landa, N, Lorea, I, Determining socio-demographic predictors of treatment dropout: results in a therapeutic community. INTERNATIONAL JOURNAL OF SOCIAL WELFARE 17:4 374-378 (2008). Times cited: 8

6. El tema **SOCIAL-SERVICES**, cuya red temática se muestra en la Figura 11, está relacionado con las palabras clave (o tema): *Psychosocial-Risk, Interculturality, Social-Intervention, Family-Preservation.*

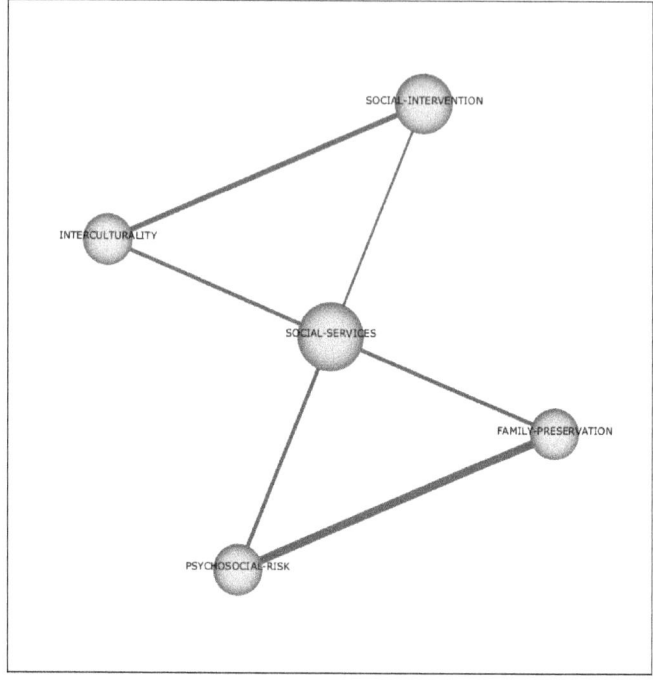

Figura 11. Red temática de SOCIAL-SERVICES

Los tres documentos más citados del tema **SOCIAL-SERVICES**:

Hernandez-Plaza, S, Alonso-Morillejo, E, Pozo-Munoz, C, Social support interventions in migrant populations. BRITISH JOURNAL OF SOCIAL WORK 36:7 1151-1169 (2006). Times cited: 11

Jimenez, L, Dekovic, M, Hidalgo, V, Adjustment of school-aged children and adolescents growing up in at-risk families: Relationships between family variables and individual, relational and school adjustment. CHILDREN AND YOUTH SERVICES REVIEW 31:6 654-661 (2009). Times cited: 2

Vazquez-Aguado, O, Fernandez-Santiago, M, Fernandez-Borrero, MA, Vaz-Garcia, P, Good Intercultural Practices in Social Services Projects. JOURNAL OF SOCIAL SERVICE RESEARCH 36:4 303-320 (2010). Times cited: 1

7. El tema **ADDICTIONS**, cuya red temática se muestra en la Figura 12, está relacionado con las palabras clave (o tema): *Therapeutic-Community, Substance-Abuse, Gender-Differences, Program.*

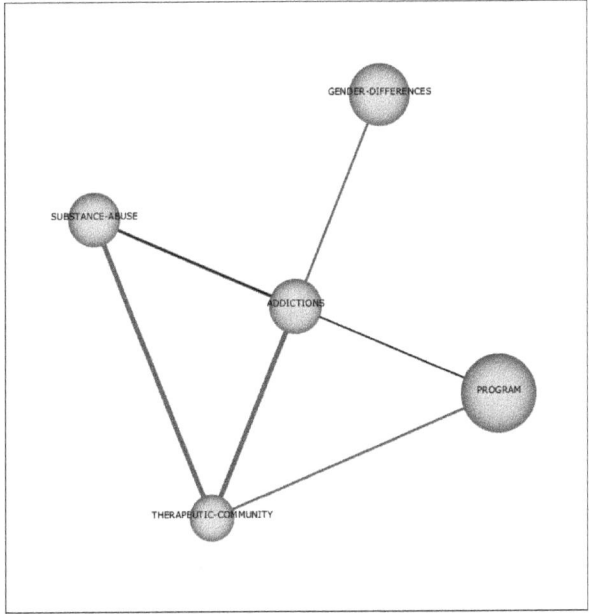

Figura 12. Red temática de ADDICTIONS

Los tres documentos más citados del tema **ADDICTIONS**:

Marsiglia, FF, Kulis, S, Rodriguez, GM, Becerra, D, Castillo, J, Culturally Specific Youth Substance Abuse Resistance Skills: Applicability Across the U. S.-Mexico Border. RESEARCH ON SOCIAL WORK PRACTICE 19:2 152-164 (2009). Times cited: 9

Lopez-Goni, JJ, Fernandez-Montalvo, J, Illescas, C, Landa, N, Lorea, I, Determining socio-demographic predictors of treatment dropout: results in a therapeutic community. INTERNATIONAL JOURNAL OF SOCIAL WELFARE 17:4 374-378 (2008). Times cited: 8

O'Toole, TP, Conde-Martel, A, Gibbon, JL, Hanusa, BH, Freyder, PJ, Fine, MJ, Where do people go when they first become homeless? A survey of homeless adults in the USA. HEALTH & SOCIAL CARE IN THE COMMUNITY 15:5 446-453 (2007). Times cited: 7

8. El tema **INTERCOUNTRY-ADOPTION**, cuya red temática se muestra en la Figura 13, está relacionado con las palabras clave (o tema): *Deprivation, Mind, Early-Adolescence*

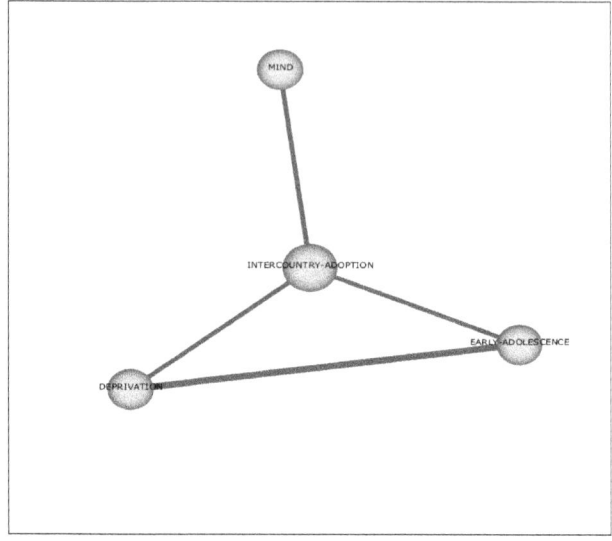

Figura 13. Red temática de INTERCOUNTRY-ADOPTION

Los tres documentos más citados del tema **INTERCOUNTRY-ADOPTION**:

Palacios, J, Roman, M, Moreno, C, Leon, E, Family context for emotional recovery in internationally adopted children. INTERNATIONAL SOCIAL WORK 52:5 609-+ (2009). Times cited: 6

Barcons, N, Abrines, N, Brun, C, Sartini, C, Fumado, V, Marre, D, Social relationships in children from intercountry adoption. CHILDREN AND YOUTH SERVICES REVIEW 34:5 955-961 (2012). Times cited: 1

Abrines, N, Barcons, N, Brun, C, Marre, D, Sartini, C, Fumado, V, Comparing ADHD symptom levels in children adopted from Eastern Europe and from other regions: Discussing possible factors involved. CHILDREN AND YOUTH SERVICES REVIEW 34:9 1903-1908 (2012). Times cited: 0

9. El tema **PARTICIPATION**, cuya red temática se muestra en la Figura 14, está relacionado con las palabras clave (o tema): *Psychological-Sense, Neighborhoods, Mental-Health.*

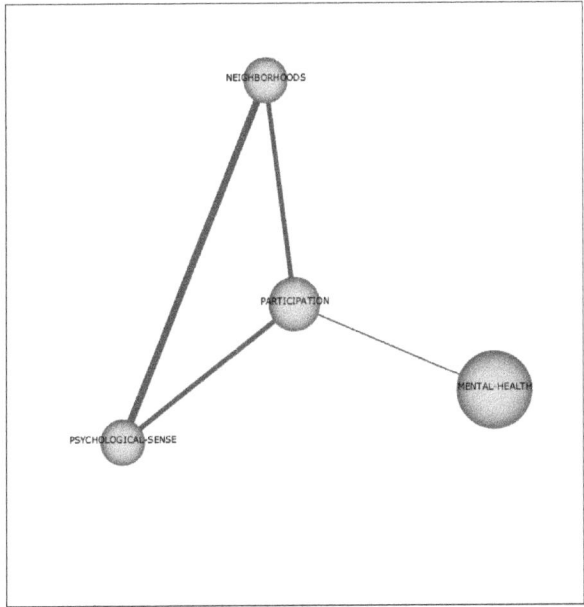

Figura 14. Red temática de PARTICIPATION

Los tres documentos más citados del tema **PARTICIPATION**:

Herrero, J, Gracia, E, Measuring perceived community support: Factorial structure, longitudinal invariance, and predictive validity of the PCSQ (Perceived Community Support Questionnaire). JOURNAL OF COMMUNITY PSYCHOLOGY 35:2 197-217 (2007). Times cited: 16

del Valle, JF, Bravo, A, Lopez, M, PARENTS AND PEERS AS PROVIDERS OF SUPPORT IN ADOLESCENTS' SOCIAL NETWORK: A DEVELOPMENTAL PERSPECTIVE. JOURNAL OF COMMUNITY PSYCHOLOGY 38:1 16-27 (2010). Times cited: 6

Ricci-Cabello, I, Ruiz-Perez, I, Olry de Labry-Lima, A, Marquez-Calderon, S, Do social inequalities exist in terms of the prevention, diagnosis, treatment, control and monitoring of diabetes? A systematic review. HEALTH & SOCIAL CARE IN THE COMMUNITY 18:6 572-587 (2010). Times cited: 4

10. El tema **DOMESTIC-VIOLENCE**, cuya red temática se muestra en la Figura 15, está relacionado con las palabras clave (o tema): *Marital-Violence, Intimate-Partnert-Violence.*

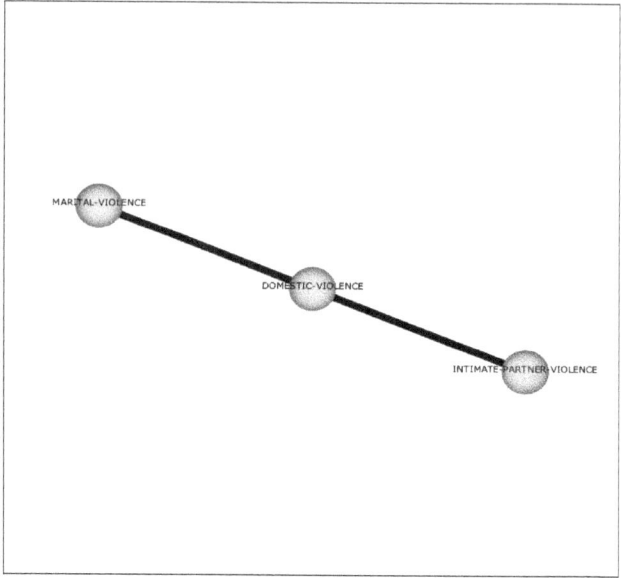

Figura 15. Red temática de DOMESTIC-VIOLENCE

Documento más citado del tema **DOMESTIC-VIOLENCE**:

Olaya, B, Ezpeleta, L, de la Osa, N, Granero, R, Domenech, JM, Mental health needs of children exposed to intimate partner violence seeking help from mental health services. CHILDREN AND YOUTH SERVICES REVIEW 32:7 1004-1011 (2010). Times cited: 2

11. El tema **SPAIN**, cuya red temática se muestra en la Figura 16, está relacionado con las palabras clave (o tema): *Psychological-Sense, Neighborhoods, Mental-Health.*

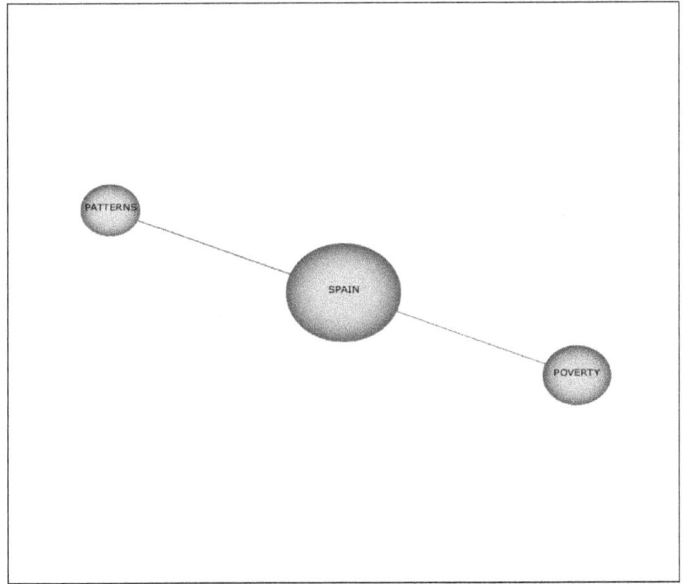

Figura 16. Red temática de SPAIN

Los tres documentos más citados del tema **SPAIN**:

Nocentini, A, Calmaestra, J, Schultze-Krumbholz, A, Scheithauer, H, Ortega, R, Menesini, E, Cyberbullying: Labels, Behaviours and Definition in Three European Countries. AUSTRALIAN JOURNAL OF GUIDANCE AND COUNSELLING 20:2 129-142 (2010). Times cited: 14

Costa-Font, J, Salvador-Carulla, L, Cabases, JM, Alonso, J, McDaid, D, Tackling Neglect and Mental Health Reform in a Devolved System of Welfare Governance. JOURNAL OF SOCIAL POLICY 40 295-312 (2011). Times cited: 4

Ayala, L, Rodriguez, M, What determines exit from social assistance in Spain?. INTERNATIONAL JOURNAL OF SOCIAL WELFARE 16:2 168-182 (2007). Times cited: 3

5. Conclusiones

Algunas conclusiones que podemos extraer de acuerdo a los diagramas estratégicos generados son las siguientes:

Análisis Cualitativo

1. **Temas motor**

Nivel Español:
CHILD-ABUSE
Conclusiones:
- Se observa que dentro nivel español solo tenemos un tema motor.
- CHILD-ABUSE que es el único tema a nivel español en este cuadrante del diagrama estratégico presenta una relación densidad-centralidad muy alta.
- CHILDREN a nivel español se encuentra en el cuadrante de Temas básicos y tranversales.

2. **Temas bases transversales**

Nivel Español:
ADDICTIONS, SERVICES, BEHAVIORS, CHILDREN-AND-ADOLESCENTS
Conclusiones:

- Hay cuatro temas transversales a nivel español.

3. **Temas emergentes o en descenso**

Nivel Español:
SPAIN
Conclusiones:
- Pocos temas emergentes encontramos en el ámbito español.

4. **Temas muy desarrollados y aislados**

Nivel Español:
DOMESTIC-VIOLENCE, INTERCOUNTRY-ADOPTION, PARTICIPATION, SOCIAL-SERVICES
Conclusiones:
- El tema de violencia esta muy desarrollado a nivel y se considera un tema básico transversal.

6. Bibliografía

1. International Federation of Social Workers. Definition of Social Work (http://ifsw.org/policies/definition-of-social-work/). Retrieved 20-01-2013.

2. International Associations of Schools of Social Work, http://www.iassw-aiets.org/

3. L. Beddoe. Investing in the future: Social workers talk about research. *British Journal of Social Work*, 41 (2011) 557-575.

4. R. M. Grinnell and Yvonne A. U. *Social Work Research and Evaluation: Foundations of Evidence-Based Practice of Evidence-Based Practice*. Oxford UniversityPress, 2008.

5. B.A. Thyer. A note from the editor: A comprehensive listing of social work journals. *Research on Social Work Practice*, 15(4):310{311, 2005.

6. Journal Citation Reports. http://thomsonreuters.com/journal-citation-reports/

7. E. Garfield. Citation analysis as a tool in journal evaluation. *Science, 178* (60)(1972) 417-479.

www.ingramcontent.com/pod-product-compliance
Lightning Source LLC
Chambersburg PA
CBHW070347290526
45791CB00003B/1482